ASTROLOGIE DU COUPLE :

Mode d'emploi pour débutants

par

Jack Bellazey

Chapitre 1

Introduction.

POURQUOI CE MANUEL ?

Il existe pléthore de publications traitant de la compatibilité astrologique dans un couple. Pourtant, il manque un véritable mode d'emploi simple et accessible au commun des mortels qui n'a ni le temps ni la prétention du spécialiste ou du professionnel. Le but du présent fascicule est donc de vous permettre de déchiffrer une carte du ciel, la vôtre et celle de votre conjoint, sans se perdre dans des considérations oiseuses et superflues. Il s'agit encore moins d'entrer en astrologie comme certains entrent en religion et dans une croyance obligatoire et pesante. Avec un peu de méthode et de jugeote, il est parfaitement possible de maîtriser rapidement les fondamentaux de cette discipline millénaire à votre plus grand bénéfice.

QU'EST-CE QUE C'EST ?

Pour faire simple, l'astrologie est un mode de définition de l'être humain par les positions des planètes à l'heure et au lieu de votre naissance. Cette pratique millénaire repose sur l'idée que l'homme est une production de la Nature qui ne peut échapper aux règles du milieu dont il est l'expression. Autrement dit, l'être humain est un microcosme à l'image du macrocosme. Les cycles du système général s'appliquent au système particulier qu'est tout être vivant. Même le sceptique peut accepter qu'il y a des évidences cycliques comme le jour et la nuit ou les saisons qui conditionnent mécaniquement la reproduction et le développement du monde vivant. Donc, on peut, en gardant les pieds sur terre, utiliser cette technique validée par l'observation des générations précédentes.

QUI UTILISE CE SYSTÈME ?

L'astrologie est peut-être pour beaucoup un résidu obsolète de l'antique pensée magique. Rien n'est plus faux. A ce jour, en pleine ère du numérique et de l'explosion de technologies nouvelles, non seulement l'astrologie n'est pas dépassée comme mode d'analyse de la psychologie humaine mais elle a bénéficié du progrès technique et du traitement des données ce qui a répandu et simplifié considérablement son usage et son accès aux non-initiés.

Les plus gros utilisateurs de l'astrologie comme outil de choix dans la réalisation d'un couple et du mariage sont sans conteste l'Inde et l'ensemble des pays asiatiques qui ont eut le talent de combiner parfaitement une tradition antique avec le progrès le plus pointu. On peut considérer qu'aujourd'hui la moitié du genre humain utilise une technique astrologique avant de conclure un mariage. Ce sont ces pays qui ont le plus faible taux de divorce au monde soit à partir de 15 % contre 55 % dans les pays occidentaux.

COMMENT PROCÉDER.

Le but de l'opération est se faire une idée **objective** de la personnalité du conjoint convoité (et de la vôtre!) **avant** de s'engager dans un processus qui doit permettre de bâtir un couple et dont on espère que l'histoire sera la plus heureuse, durable et réussie possible.

Monter une carte du ciel de naissance à la main demandait 40 minutes de tracés et de calculs. Sur le Net, le même travail est gratuit et prend 3 clics. Quelque soit la plateforme choisie, vous trouverez une multitude d'outils de calcul et de comparaison entre deux thèmes (Ex : astrotheme.fr).

Etant novice, vous devez vous contenter d'établir votre carte du ciel en indiquant votre date de naissance, votre heure de naissance (cf. état civil) et votre lieu de naissance. Ne vous égarez pas dans les multiples rubriques techniques qui sont à réserver aux étudiants avancés. Vous faites la même chose pour la personne dont vous souhaitez découvrir les tendances psychologiques. A l'aide de la souris, familiarisez-vous avec les symboles (voir en dernière page) pour lesquels s'ouvrira une icône ou une fenêtre d'information dès que vous passerez dessus.

<u>LA CARTE DU CIEL.</u>

La ''carte du ciel'' ou ''thème astral'' est cette belle figure colorée qui paraît bien mystérieuse et dont vous devez identifier la composition.

A/ La base du thème est le zodiaque, cercle divisé en 12 parties ou signes. Il est calé sur le calendrier avec les équinoxes et solstices comme points de repère. Dans le sens inverse des aiguilles d'une montre :
- le printemps rassemble le Bélier (21 Mars), le Taureau (20 Avril) et les Gémeaux (21 Mai),
- l'été rassemble le Cancer (22 juin), le Lion (23 Juillet) et la Vierge (23 Août),
- l'automne rassemble la Balance (23 Septembre), le Scorpion (23 Octobre) et le Sagittaire (23 Novembre),
- l'hiver rassemble le Capricorne (23 Décembre), le Verseau (21 Janvier) et les Poissons (20 Février).

B/ A l'extérieur du zodiaque, on place les 10 planètes soit le Soleil, la Lune, Mercure, Vénus, Mars, Jupiter, Saturne, Uranus, Neptune et Pluton. Les 2 premières sont appelées les luminaires et les 8 autres sont énumérées de la plus proche à la plus éloignée du soleil qui est aussi l'ordre de la plus rapide à la plus lente dans leur parcours autour du soleil.

C/ A l'intérieur du zodiaque, on trouve un entrelacs de traits qui relie certaines planètes entre elles. Ce sont les ''aspects'' ou rapports harmonieux (en bleu) ou conflictuels (en rouge) selon la taille de l'angle qui les sépare : trigone (120°) et sextile (60°) sont harmonieux ; opposition (180°) et carré (90°) sont conflictuels.

D/ Enfin, on superpose à tout cela le cercle des ''maisons'' qui sont 12 secteurs en analogie avec les douze signes du zodiaque. Elles sont placées grâce à l'heure de votre naissance. Pour l'instant, retenons les 4 points principaux à savoir :

    - l'ascendant (AS) à gauche et le descendant (DS) à droite qui composent la ligne d'horizon au moment et au lieu de votre naissance. Cet horizon sert à positionner la carte.

    - le milieu du ciel (MC) en haut et le fond du ciel (FC) en bas qui composent la ligne verticale midi-minuit au moment et au lieu de votre naissance.

AS, DS, MC et FC sont appelés ''angles'' du thème bien qu'on soit sur une figure circulaire.

Les 12 maisons sont apparentées aux 12 signes et définissent 12 domaines de la vie ce qui est d'une importance secondaire pour l'instant. Notez bien que les 12 maisons ne sont pas nécessairement superposées à leur signe parent. Leur position est définie par l'heure et le lieu de naissance. Autrement dit, le zodiaque est un cycle annuel et les maisons un cycle journalier.

A partir de cette description et de votre carte du ciel réalisée sur le Net, familiarisez-vous avec les différents éléments en vous aidant de la souris qui ouvre des fenêtres en passant sur chaque élément. Gardez-vous de toute interprétation, il s'agit pour l'instant de reconnaître les symboles et de pouvoir les repérer facilement.

POURQUOI CA MARCHE ?

Tout simplement parce qu'il s'agit d'une méthode expérimentale multi millénaire (2 500 ans pour l'astrologie occidentale, 4 000 ans pour les astrologies d'Extrême-Orient) qui est validée par la pratique et l'observation. Pour les esprits rationnels, il existe des études statistiques contemporaines qui valident la tradition. L'étude de groupes humains par profession a montré la concordance entre le choix d'un métier et la position ''angulaire'' de telle ou telle planète. Nous parions qu'avec les capacités de traitements des données qu'offre la technologie informatique, il sera possible d'analyser des échantillons de plus en plus grands.

Il ne faut pas croire à une quelconque influence ou fatalité du cosmos sur le destin mais simplement admettre que l'astrologie est un canevas, un modèle à multiples entrées qui vous permettra de visualiser la structure intime de tout individu au-delà de la mine extérieure de la personne. Elle est le seul système objectif qui vous permet de savoir que votre interlocuteur ou interlocutrice qui vous paraît si calme est en fait d'une combativité insoupçonnée car, par exemple, son thème vous montre qu'elle est né(e) avec une belle conjonction Soleil-Mars. L'éducation peut effacer ou domestiquer des comportements naturels qui ne se révèleront dans la vie courante que souvent bien trop tard. C'est sur cette approche qu'un astrologue peut en Inde déconseiller un mariage qui paraissait au premier abord si prometteur. Et personne ne s'avisera de s'affranchir de son verdict.

L'astrologie correctement utilisée donne une vision globale et à long terme de l'évolution d'une personnalité sans être troublé par la jeunesse, la beauté ou l'attirance spontanée qui peuvent se révéler inappropriées à la pratique et au long cours. Elle est particulièrement adaptée pour les rencontres entre des gens qui ne disposent d'aucune information par la famille, les proches. Enfin, dans les possibles choix multiples, elle permet de discriminer efficacement les compatibilités qui peuvent parfois ne pas être évidentes à première vue en cas d'hésitation entre plusieurs candidats.

MISE EN GARDE.

Vous ne devez considérer l'astrologie seulement comme un système d'information qui va aiguiller votre jugement sur vous-même et dans le choix de votre partenaire. Ce n'est en aucun cas une formule magique ou, pire, une martingale infaillible pour le bonheur. Conservez toujours à l'esprit que votre but est d'utiliser cet outil pour tenter de dépasser le mur des apparences (beauté, charme, âge etc...). L'exercice sera réussi si vous dressez un portrait psychologique le plus proche de la réalité profonde du sujet étudié et si vous trouvez des éléments concordants entre les deux candidats au couple.

Enfin, cette boîte à outils ne vous dispense en aucun cas de la compléter, dans un deuxième temps, par des critères moraux, sociaux, politiques ou religieux.

Chapitre 2.

Les douze signes du zodiaque.

AVANT-PROPOS.

Afin d'offrir une présentation resserrée d'un usage plus commode, nous allons faire le portrait des signes par paires, opposés 2 à 2, en y associant les planètes qui y sont en domicile. Cela permet de rentrer immédiatement dans la compréhension de la mécanique astrale. Dans les rubriques suivantes, nous nous contenterons de limiter l'analyse au strict domaine amoureux.

BÉLIER-BALANCE .

Par convention, le Bélier est le 1er signe. Il est en face de la Balance, 7ème signe. Mars diurne est la planète du Bélier et Vénus diurne celle de la Balance.

La paire Bélier/Balance est l'axe du moi et les autres. De façon similaire, la maison 1 (AS) est le monde personnel ; la maison 7 (DS) est le monde du complémentaire, de l'interlocuteur, du partenaire, du contrat.

Le Bélier est de l'élément Feu et la Balance est de l'élément Air.

Homme BÉLIER :

Actif primaire ; la vie sentimentale du Bélier est une compétition, un challenge, un sport, une conquête. Infatigable, passionné, énergique, il est le mâle alpha du zodiaque. La femme envisagée est une cible, un but, un trophée. Il relève un nouveau défi en cas d'échec car il vit l'affectivité dans l'initiative, l'action rapide, l'agir. Peu apte à la négociation, il préfère le rapport de force.

Femme Bélier :

Toute aussi active ; toutefois, ce signe de nature masculine rend la femme audacieuse, entreprenante, directe quitte à connaître des moments de panique quand elle prend connaissance de la situation dans laquelle elle s'est jetée avec tant d'enthousiasme et si peu de réflexion. Le conjoint doit avoir du répondant et être capable de gagner la course qu'elle fait de son quotidien. Vive, moderne et passionnée.

Homme Balance :

Emotif primaire ; la recherche du partenariat, de l'alliance, de l'alter ego domine sa démarche amoureuse.

Aimant être séduit, il incarne souvent l'archétype du mari. Sociable, esthète, communicatif, il a besoin que sa conquête soit valorisante et une réussite évidente. Mondain, peu familial, l'harmonie du couple prime tout. Préférant laisser la prise de décision à l'autre, il déteste les conflits, les cris et le scandale.

Femme Balance :

Vénus est ici à la hauteur de sa réputation. Remarquable de féminité, elle se veut trophée social et récompense de son galant. Plaire est sa préoccupation principale et la conjugalité la condition d'une vie amoureuse épanouie. Les rencontres et l'échange sont des fonctions vitales pour cette irrésistible qui ne supporte pas la solitude, le désintérêt ou l'abandon. Il y a toujours autour de sa charmante personne de nombreux candidats prêts à lui porter secours. Peu familiale mais toujours accueillante.

<u>TAUREAU-SCORPION</u>

Le Taureau est le 2ème signe et est opposé au Scorpion, 8ème signe. C'est l'axe de la possession et de la possessivité, le monde de l'avoir et de la peur de le perdre. Vénus (nocturne) est maître du Taureau et Pluton et Mars (nocturne) sont maîtres du Scorpion.

Cette paire, analogue aux maisons 2 et 8, concerne la propriété et le gain pour le Taureau de l'élément Terre et, en face, les transactions et les pertes pour le Scorpion de l'élément Eau. C'est aussi l'axe de la sexualité.

Homme Taureau :

Sensible-nerveux ; après l'action, il convient d'en connaître le bénéfice. Puissant, aveugle, charmeur, il fonce sur le moindre chiffon rouge à l'horizon. Rien n'arrête son appétit pour les amours roboratives. Pas de simagrées, de demi-mesures ou de vapeurs avec lui car quand il aime, la terre tremble sous le pas lourd de sa charge. La femme qui le comblera doit offrir des avantages évidents et solides à ce propriétaire-né. Robuste, têtu, les pieds sur terre, il régnera chaleureusement sur l'objet de ses pensées. Attachant mais jaloux.

Femme Taureau :

Beauté classique faite pour l'amour, elle est celle que tous les mâles remarquent. Terrienne et réaliste, elle veut aimer et être aimée c'est-à-dire être la titulaire exclusive de son amour choisi parmi les hommes en état de marche et qui ont une belle carrure. Réaliste, elle déteste l'incertitude, l'inconstance et la fragilité. Aimer c'est bâtir, vous dira cette beauté à la féminité sans équivoque. La femme Taureau est certainement la femme la plus incarnée et sexuée sous une apparence classique et sage. Possessive et stable.

Homme scorpion :

Exclusif jusqu'à l'emprise, le Scorpion sera inquiet de la pérennité de son couple en raison inverse de la confiance dont il a la certitude. Complexe, sexuel, en amour il se complaît dans le contre-pied surtout s'il rencontre de la résistance à son despotisme naturel. Il pleurera longtemps l'amour perdu car il aime les affres du tourment amoureux qu'il provoque avec délectation. Sensible et ténébreux.

Femme Scorpion :

Beaucoup plus adapté à la nature féminine, le Scorpion rend la femme fascinante, terriblement attirante bien que mystérieuse et parfois inquiétante. Stable, brusque, elle perce à jour vos secrets les mieux gardés. Elle sera fidèle jusqu'à la mort et impitoyable en cas de trahison. Très résistante, amoureuse à haute tension.

GÉMEAUX-SAGITTAIRE.

Le Gémeaux est le 3ème signe situé en face du 9ème signe, le Sagittaire. Cette paire, analogue aux maisons 3 et 9, est l'axe des relations avec l'environnement proche pour le Gémeaux et lointain pour le Sagittaire.

Mercure (diurne) est maître du Gémeaux signe d'air qui règne sur l'espace immédiat et Jupiter (diurne) trône chez le Sagittaire signe de feu porté vers les vastes contrées lointaines. Axe des voyages.

Homme Gémeaux :

Déjà ailleurs avant d'être parti, l'homme Gémeaux est le Jekyll et Hyde du zodiaque. Janus à deux visages, ne le croyez pas malheureux quand il pleure ou heureux quand il rit, il pense au coup suivant. Charmant causeur en société et taciturne en privé ou l'inverse, vous aimerez plusieurs hommes en un. Il demande un caractère en acier à son partenaire pour résister à ce kaléidoscope de l'amour dans le jeu duquel il ne faut pas se laisser faire. Amusant, léger mais inquiet et peu incarné.

Femme Gémeaux :

Perpétuelle adolescente, vive et spontanée, la femme Gémeaux vit ici et maintenant. Elle hésite entre plusieurs candidats puis choisit avec raison celui qui, pourtant, lui fera douter de la justesse de son choix. Double, commerçante, bavarde, elle pèse le pour et le contre en amour comme ailleurs. Raisonnable, mobile, impatiente, elle cherche dans l'amour le frère plutôt que l'amant. Prête au changement mais velléitaire. Préfère les jeux de la séduction à la passion brûlante.

Homme Sagittaire :

Fasciné par les femmes qui invitent au voyage, à l'exotisme, ce grand bourgeois est chez lui dans le monde. Sage et fantaisiste à la fois, il n'oublie jamais les codes de son milieu et redoute le scandale d'une trahison dont il a de nombreuses occasions. Généreux, débonnaire, philosophe, il n'a pas de temps à perdre avec les contingences ordinaires. Son meilleur rôle est celui du chevalier blanc qui revient panache au vent pour déposer ses trophées de guerre au pied de sa belle. Galant, chaleureux et ouvert mais coléreux et impatient.

Femme Sagittaire :

La belle chasseresse qui décoche ses flèches à tout va et part loin conquérir l'homme de sa vie, est Sagittaire. Superbe, susceptible, elle entend être honorée selon ses idéaux qui ne sont jamais ordinaires. Elle n'a qu'une vie à remplir de grands voyages, d'amours enflammées et d'ambitions à réaliser. Souveraine, généreuse, passionnée mais terrible dans la colère. Amoureuse de grande dimension et de haut niveau de vie. Très soucieuse de sa réputation.

CANCER-CAPRICORNE.

Le Cancer est 4ème signe en vis-à-vis du Capricorne, 10ème signe. Comme celui la maison 4 et de la maison 10, cet axe Cancer-Capricorne est celui des racines familiales et de la carrière professionnelle.

La Lune est domiciliée en Cancer signe d'eau nocturne du monde familial et privé. Saturne préside aux destinées du Capricorne signe de terre nocturne des sommets à conquérir et du destin à réaliser.

Homme Cancer :

Secondaire sensible ; l'amour ne peut s'envisager pour l'homme Cancer que dans la cadre d'un foyer, d'une famille, du chez-soi. Son monde intérieur est vaste comme la nuit, riche de rêves et de fantasmagories. Très affectueux et très intériorisé, l'univers privé prime tout chez lui. Sa conjointe doit être protectrice, maternelle, nourricière, traditionnelle. N'aime pas les intrus dans son univers privé, adore les grandes tablées et les enfants sauf s'il est resté lui-même accroché à sa propre enfance. Gentil, doux mais extrêmement tenace.

Femme Cancer :

Sans doute le signe le plus caractéristique de la femme dans ce qu'elle a d'éternel, de classique, de traditionnel. Véritable mère poule, elle n'a de cesse que de s'occuper des siens, de les nourrir, de les éduquer et de faire du foyer un nid chaud et confortable. Elle accepte volontiers que son conjoint ne reste pas dans ses jambes mais revienne les bras chargés de provisions pour alimenter son royaume, du nécessaire et de l'utile au confort de tous. Fausse timide, déterminée et sensible, parfois larmoyante, son caractère est très secret, complexe et difficile à déchiffrer. N'oublie jamais un affront. Une mémoire à toute épreuve jusqu'à en être rancunière.

Homme Capricorne :

Sérieux, sévère, ambitieux, c'est l'alpiniste du zodiaque quitte à oublier parfois qu'au sommet de la montagne il n'y a plus rien et qu'il faut en redescendre. L'amour du Capricorne ne peut s'envisager que dans la durée, la fidélité, la passion et la hauteur de sentiments derrière une façade froide, digne et décente. On peut compter sur lui si on aime les principes, la discipline et les règles. Grand timide qui gagnerait à relâcher la bride de temps en temps même s'il déteste la frivolité, les têtes vides et le manque d'ambition.

Femme Capricorne :

Ici pas question de plaisanter avec les sentiments. Fidèle jusqu'à l'abnégation, les pieds sur terre, c'est une femme de devoir qui cache souvent le feu de ses sentiments sous la glace d'une apparence austère et distante. Souhaite tomber amoureuse au sens littéral, l'amour chez cette dame se devant d'être fatal et définitif. Dévouée, fière et courageuse, elle ne se relèvera pas d'une trahison. Femme d'un seul homme qui doit trouver chez l'autre une forte figure paternelle.

LION-VERSEAU.

Le Lion est le 5ème signe qui compose avec le Verseau 11ème signe situé en face, l'axe des enfants, créations et récréations comme la 5ème maison et des projets et relations amicales comme la 11ème maison.

Le Soleil est domicilié dans le Lion signe de feu diurne et Uranus est chez lui dans le Verseau signe d'air diurne.

Homme Lion :

Le roi des animaux, superbe et imposant, aime d'un grand cœur et attend que la réciproque soit vraie. On le lui doit bien. Carré, stable, égal d'humeur et chanceux, beaucoup chercheront à bronzer sous les feux qu'il projette sur son entourage. Ennemi de toute mesquinerie, la femme qu'il honore de ses attentions et de sa flamme, doit être aussi spectaculaire que lui-même. Charismatique, magnanime, il a parfois la folie des grandeurs. Adore la jeunesse et la bonne santé.

Femme Lion :

On la remarque tout de suite par sa crinière ou sa prestance spectaculaire. Elle aime en grand et ne se contentera jamais d'une relation bancale et médiocre. Les sentiments de la femme Lion sont entiers et ne se discutent pas au point d'en être aveuglée. Forte et stable, elle occupe le centre des attentions sans en tirer vanité mais toujours fière de son rang. Grand cœur, incapable de tricher, amoureuse éclatante qui peut parfois se croire toujours prioritaire sur les autres.

Homme Verseau :

Il adore l'image qu'il fabrique de lui-même qui est bien souvent étrangère à sa véritable nature. Utopiste-né, il aime en grand l'idée qu'il se fait de son amour qui, elle aussi, est très différente de la réalité. Théorique, extravagant, il peut vivre sur un malentendu tant que celui-ci n'est pas détrompé. Son monde amoureux est nécessairement extraordinaire, à haute tension, incontestable. Autoritaire et cassant, son conjoint sera pour lui la plus belle, la meilleure, même si son entourage reste sceptique.

Femme Verseau :

La femme Verseau est un bouquet de fleurs ou un feu d'artifice extravagant. Fixe, elle se vit comme l'idole de son amour et ne comprend jamais que cela puisse lui être contesté. Sans doute, pour une femme, le signe le plus inadapté à l'amour. Désincarné, on la remarque instantanément mais on oublie aussi vite sa beauté presque irréelle. L'homme de sa vie doit comprendre qu'elle est d'abord un objet de luxe et très décoratif. Elle sait faire de son quotidien une féerie permanente sans se préoccuper du coût de ses extravagances. Démunie face au changement et aux contraintes de la vie domestique, elle est la femme moderne et émancipée par excellence.

VIERGE-POISSONS :

La Vierge est le 6ème signe en regard du 12ème signe des Poissons, composent l'axe de la vie domestique comme la maison 6 et des épreuves comme la maison 12.

Mercure nocturne est domicilié dans la Vierge signe de terre et les Poissons signe d'eau accueillent Neptune et Jupiter nocturne. Axe du service et de la compassion.

Homme Vierge :

Modeste, pratique et très réaliste, l'homme Vierge est très pointilleux dans ses amours. Aux antipodes de l'extravagance et de la prodigalité, il aime comme un artisan consciencieux et efficace. Le mariage est pour lui un lieu de solidarité active où chacun doit faire sa part du chemin. Méticuleux, hygiénique, il a tendance à se perdre dans les détails et à ergoter dans les discussions. Vite apeuré par les difficultés de la vie, il compense parfois son insécurité chronique par un discours crâneur.

Femme Vierge :

La fable de la Cigale et de la Fourmi résume la nature double de cette ménagère débordée. Il y a toujours chez cette femme un conflit entre la Vierge sage, modeste, économe, serviable et la Vierge folle, adolescente perpétuelle, rigolote et parfois très nerveuse. Astucieuse, elle a plus d'un tour dans son sac. Elle préférera au prince charmant un homme ordinaire capable de la rassurer, l'aider ou la protéger. Une fois engagée dans un couple, elle est celle qui se battra jusqu'à l'impossible pour pérenniser son couple quitte à s'y épuiser. Pratique et dévouée.

Homme Poissons :

Envoûtant et très susceptible, cet homme a la vocation pour le martyre dont il aime à se revendiquer. Il porte sur les épaules tout le malheur du monde pour lequel il a une grande compassion. C'est l'ambulancier de l'amour prêt à vous secourir, vous sauver même d'un danger imaginaire. Sensible, très intuitif, il est parfois trompé par sa vanité naturelle ou sa fausse modestie. Serviable, apte à tous les sacrifices, il vous étourdira de son charme impénitent. Se complaît parfois dans la position de la victime. Très susceptible.

Femme Poissons :

C'est elle qu'Ulysse a rencontré dans son odyssée. Créature fantastique, chimérique, quand elle aime elle envoûte, ondule, charme et vous fait tomber sous sa coupe. Toujours nimbée d'une aura irréelle, elle fait peur à beaucoup d'hommes qui sentent qu'ils n'auront pas le dessus avec elle. Elle choisit l'élu de son cœur avec une grande perspicacité. Elle a souvent un don de double vue. Aussi, ne vous avisez pas de la trahir si vous voulez échapper dans ce cas à une vengeance cruelle. Organise sa vie amoureuse pour la rendre toujours renouvelée et excitante. Généreuse et compassionnelle, elle aime la tragédie et la théâtralité. Sûre de plaire.

Remarques importantes :

Les portraits qui précèdent correspondent à la seule position du Soleil de naissance ou du signe ascendant (AS). Il convient ensuite de modérer et tempérer ceux-ci par les rencontres avec dans l'ordre décroissant :
- le signe ascendant (AS) qui est équivalent en force au Soleil. Il faut toujours considérer le cocktail signe + ascendant pour mieux définir la personnalité. Ceux-ci peuvent se renforcer, se compléter, s'opposer ou se neutraliser.
- les planètes en conjonction (0°) qui teintent fortement la personnalité.
- les aspects secondaires des planètes en trigone (120°), sextile (60°), opposition (180°) ou en carré (90°).

Les portraits féminins doivent être utilisés pour définir la Lune que ce soit dans le thème de l'homme (quelle femme lui convient) ou dans le thème de la femme (quelle femme suis-je ?). Les remarques concernant le Soleil et ses aspects est évidemment à appliquer aussi à la Lune.

Les autres planètes prennent aussi la teinte du signe où elles se trouvent.

Chapitre 3.

Comparaison de thèmes et compatibilité amoureuse.

<u>PRÉAMBULE.</u>

On peut être pris d'une certaine inquiétude devant une carte du ciel qui paraîtra très complexe par son graphisme. Pas de panique ! Nous allons prendre les éléments fondateurs du couple amoureux réussi et durable par petits groupes afin de vous simplifier le travail de lecture.

Après avoir étudié les 12 signes, il faut bien comprendre, par exemple, qu'être du signe du Lion veut seulement dire que votre Soleil est dans ce signe. Mais gardez toujours à l'esprit qu'un seul indicateur est insuffisant pour vous définir complètement (C'est pour cette raison que les horoscopes qui se fondent sur votre seul soleil sont peu fiables...) . Vous êtes un microcosme complet avec

10 planètes, 12 signes et 12 maisons plus les interactions des uns avec les autres et, par dessus le marché, tout cela en interaction avec les mêmes éléments de votre partenaire amoureux.

L'amour n'est pas que la visite ou l'usage d'un corps. La vie complète d'un couple amoureux peut être appréhendée par la prise en compte des éléments qui vont suivre par ordre d'importance décroissante.

LE SOLEIL ET LA LUNE.

Le premier examen à faire doit être sur le Soleil qui est le jour de la personnalité c'est-à-dire la partie visible évidente de l'individu en tant que personnage social et public.

La Lune représente quant à elle la nuit de la personnalité c'est-à-dire la partie cachée et privée de l'individu avec ses racines, son éducation et ses origines culturelles.

Chez l'homme, le <u>Soleil</u> représente ses objectifs et comportements sociaux ainsi que la façon dont il se projette en tant qu'homme. La <u>Lune</u> représente son mode de vie privé favori ainsi que le modèle de femme qu'il recherche.

Chez la femme, le <u>Soleil</u> représente le comportement social mais aussi et surtout le modèle masculin qu'elle espère. La <u>Lune</u> représente sa féminité et quel type de femme elle est vraiment.

Donc, dans la formation d'un couple, l'homme doit regarder sa propre Lune pour savoir quel archétype féminin est sa cible et la Lune de la femme pour deviner à quelle femme il s'adresse au-delà des apparences. Inversement, la femme doit tenir compte de son propre Soleil comme modèle masculin et du Soleil de l'homme pour signifiant de la masculinité du partenaire envisagé.

Pour connaître la valeur de votre Soleil comme celle de celui de la personne d'en face, vous revenez au chapitre 2 sur les 12 signes version Homme. De la même façon, vous connaîtrez la valeur de la Lune par signe en utilisant cette fois le même descriptif mais version Femme.

Exemple : Si la Lune est en Scorpion chez l'un ou l'autre, vous vous reportez au descriptif ''Femme Scorpion''. Autrement dit, la lune en Scorpion donne à la femme un comportement amoureux Scorpion même si elle est par ailleurs née sous un autre signe par la position du Soleil. Dans le thème de l'homme, la Lune en Scorpion révèle qu'il aime les femmes ténébreuses et passionnées.

Cette paire de luminaires est essentielle pour savoir à l'avance si vos personnalités sont compatibles et si vos goûts et modes de vie sont conciliables. Pour faire plus simple, il vous suffit de <u>superposer</u> les 2 cartes du ciel grâce aux outils de votre site, ce qu'on appelle une double carte de synastrie. Cette opération comparative sera utilisée à plusieurs reprises pour mettre en évidence éléments concordants ou conflictuels. La carte obtenue permet instantanément de connaître les rapports géométriques entre les positions planétaires de l'un sur l'autre et vice-versa.

Pour les luminaires, il est idéal d'avoir soit une conjonction (0°), soit une opposition (180°) entre la Lune de l'un et le Soleil de l'autre. Exemple : la Lune Scorpion de la femme tombe sur le Soleil de l'homme Scorpion. Cet aspect est renforcé si, en plus, la Lune de l'homme par exemple en Bélier tombe sur le Soleil Bélier de la femme.

La concordance Soleil-Lune est capitale pour la meilleure entente possible à long terme. La vie de la maisonnée sera particulièrement fluide et stable dans le temps grâce à ces rapports entre le Soleil et la Lune : enfants, choix éducatifs, mode et rythme de vie, complémentarité culturelle etc. En l'absence de ces relations Soleil-Lune, le couple ne tiendra que sur des éléments de passion amoureuse, d'intérêt financier ou professionnel mais manquera d'un territoire commun, d'une base arrière où se retrouver en sécurité, au repos, à l'abri des contraintes extérieures.

Bien qu'un peu moins puissants, le trigone (120°) et le sextile (60°) entre Soleil et Lune sont aussi une relation favorable à la vie familiale et conjugale.

MERCURE ET VENUS.

Il est rare que le Soleil ou la Lune ne soit pas teintés par une ou plusieurs planètes. Situées entre la Terre et le Soleil, Mercure et Vénus ne peuvent s'éloigner de plus de 45° du Soleil dont elles accompagnent le cycle d'un an pour faire un tour complet du zodiaque. Ces 2 planètes ont, de ce fait, de grandes chances de se trouver en conjonction (0°) avec le Soleil.

Conjonction Soleil-Mercure :

Toute la personnalité va être dominé par un fonctionnement mercurien dans ses échanges avec les autres y compris dans le domaine amoureux . Mobile, drôle, astucieux, Mercure donne l'esprit marchand. Pour lui, tout se discute, s'échange, se compense, se négocie. Ce n'est certainement pas la planète du sacrifice mais plutôt du donnant-donnant. La femme qui a cet aspect attend de l'homme qu'il ait ces qualités d'entregent et de sens du commerce qui doivent résoudre tous les problèmes pratiques de l'existence.

Conjonction Soleil-Vénus :

Cette conjonction donne de la joie de vivre, de la beauté, du charme, la recherche de l'harmonie dans les rapports amoureux. La femme qui a cet aspect sera très séduisante par sa joliesse et son goût pour les plaisirs de l'existence. Elle sera très sensible à une apparence soignée chez l'homme. L'homme servi par Vénus aura un charme très attirant et donnera toujours la priorité à la discussion et à la diplomatie plutôt qu'à l'affrontement violent.

Conjonction Lune-Mercure :

Chez l'homme, donne le goût pour les femmes d'allure adolescente quelque soit leur âge. Chez la femme, elle révèle une nature primesautière et joueuse.

Conjonction Lune-Vénus :

Chez l'homme, cette conjonction donne un goût pour la sérénité dans la vie privée. Pour lui, la femme idéale doit être jolie et très féminine. Chez la femme, cette rencontre astrale apporte beaucoup de douceur, d'affection et de désir d'aimer et d'être aimée. Beauté physique, sex-appeal.

N.B. : S'il arrive que Mercure et Vénus soient eux-mêmes conjoints, il faut en déduire qu'il y a mélange des deux influences. L'un ou l'autre prime en fonction de la position par signe (Voir chapitre 2). Si la conjonction est dans un signe favorable à Vénus (Taureau ou Balance), c'est Vénus qui devance Mercure. Inversement, si Mercure est dans un signe ami, c'est lui qui prévaut davantage.

<u>MARS ET VENUS.</u>

Ce couple est très connu comme archétype de la relation amoureuse. Mars ou Eros chez les grecs, représente l'acte amoureux en lui-même, la passion et l'embrasement des sens. Vénus suscite et reçoit ces ardeurs avec délices. Ce couple nous fait tourner la tête car il est le déclencheur premier d'une attirance physique. S'il est nécessaire à une relation amoureuse épanouie, même si, à lui seul, il ne tient pas la distance et doit être relayé par le couple Soleil-Lune étudié ci-dessus.

Soleil-Mars :

Chez l'homme, cette conjonction rend sportif, viril, actif, impatient, colérique. En fonction du signe où ça se produit, vous pouvez nuancer.

Chez la femme, l'aspect donne le goût de l'action et échauffe le caractère mais cela se traduira surtout par la recherche d'un homme actif, énergique, entreprenant.

Lune-Mars :

Chez l'homme, cette combinaison donne un goût pour les femmes dynamiques voire pour les caractères très réactifs. La femme idéale doit être chaleureuse et stimulante.

Chez, la femme, la féminité sera passionnelle, impatiente, proactive et parfois usante à force d'être infatigable.

N.B. : Ce qui a été dit plus haut sur la comparaison de thème par superposition des cartes (synastrie) doit être compléter si Mars intervient par sa présence.

Dans la comparaison des deux thèmes, il est idéal que le Mars de l'un soit en bon rapport avec la Vénus de l'autre par une conjonction (0°), une opposition (180°) et secondairement un trigone (120°) ou un sextile (60°). C'est toujours l'indication d'une entente physique forte. S'il y a un double aspect c'est encore mieux.

S'il n'y a que cet aspect concordant entre deux thèmes, il peut expliquer les coups de cœur et les coups de foudre. Toutefois, les premiers feux passés, la relation amoureuse risque de s'éteindre par manque de réelle complicité dans l'ensemble des autres domaines qui composent une relation réussie et durable. C'est en général cette perspective qui détermine en Inde l'avis de l'astrologue qui s'oppose ou avalise un projet d'union.

<u>SATURNE ET MARS.</u>

Ces deux planètes sont cruciales dans un couple car elles interviennent dans les rapports de force et les conflits violents. Si vous souhaitez une relation amoureuse sans coups, cris et vaisselle brisée, il est indispensable de l'étudier.

Saturne apporte beaucoup de rigidité, de discipline, de persistance et de fatalisme. Mars, c'est le contraire. Quand ces deux natures s'affrontent, c'est la guerre jusqu'à la capitulation d'un des deux combattants. Le sang coule, le champ de bataille est dévasté.

En superposant les deux cartes des protagonistes, il faut fuir et renoncer à cette relation si le Saturne de l'un est opposé (180°), conjoint (0°) ou en carré (90°) avec le Mars de l'autre ou inversement ou les deux. Ce rapport est encore plus difficile s'il est superposé aux Soleil, Lune, Mercure, Vénus quels que soient les configurations en jeu.

Le problème posé par cette conformation est que le potentiel de conflit peut d'abord être vécu de façon violemment passionnelle. Plus tardivement, quand le couple est déjà constitué, cette combinaison peut vite tourner au pugilat. Elle explique les brutales dégradations des rapports à l'intérieur de la relation qui peut tourner au vinaigre sans prévenir sauf par le moyen de l'astrologie. Face à un tel risque, l'astrologie est certainement l'outil préventif objectif le plus efficace d'autant plus qu'il sera utilisé en amont des évènements.

JUPITER et SATURNE.

Ce sont les deux gros poids lourds du thème astral. Avec 12 ans de cycle pour Jupiter et 29 ans pour Saturne, elles peuvent se retrouver en conjonction (0°) avec les luminaires ou les autres planètes. Il ne faut s'intéresser qu'aux éléments principaux pour ne pas s'égarer dans des considérations accessoires et, donc, de moindre importance.

De Jupiter, on retiendra que cette planète apporte de l'ampleur, du volume, de la puissance. Aussi, elle multipliera les effets déjà identifiés en se superposant aux planètes du thème et aussi de celles du thème du partenaire envisagé. Jupiter rend chaleureux, expansif et très visible.

Avec Saturne, il faut comprendre que les règles, la rigueur, le temps, la stabilité viennent s'imposer aux éléments qui reçoivent sa conjonction que ce soit sur le thème lui-même ou venant de celui d'en face. Saturne rend mesuré, froid, timide et effacé.

Par exemple, Jupiter va alimenté Mars qui a déjà de l'énergie à revendre alors que Saturne va tenter de le maîtriser, de l'éteindre d'où les remarques du paragraphe précédent sur les difficultés du rapport Saturne-Mars.

URANUS, NEPTUNE, PLUTON.

Ce trio est secondaire car ces planètes sont très éloignées du soleil et tournent très lentement autour de lui. Toutefois, en cas de conjonction (0°) sur les autres, il convient de savoir qu'Uranus apporte de l'indépendance, du dynamisme et de l'utopie, Neptune ajoute du flou artistique, de l'incertitude et un charme irrésistible, Pluton donne de la profondeur, du tragique et du secret. Vous pouvez vous reporter au descriptif des signes où ils élisent domicile, Verseau pour Uranus, Poissons pour Neptune et Scorpion pour Pluton.

LE COUPLE PAR ÉLÉMENTS.

En ne tenant compte que du signe de naissance, on peut dire que les signes en trigone (à 120° les uns des autres) sont de rapports harmonieux. Cela correspond aux signes de même élément.

Feu : Bélier, Sagittaire et Lion vont fraterniser facilement et avoir des goûts proches. Relation assez passionnelle donc parfois explosive.

Terre : Taureau, Vierge et Capricorne trouveront un terrain d'entente par une priorité donnée aux réalités tangibles dans l'amour. La Terre est l'élément pour lequel cette formule de combinaison est la plus efficace.

Air : Gémeaux, Balance et Verseau vont planer ensemble vers les paradis du sentiment. Trop d'air dans un couple peut se transformer en courant d'air et en instabilité.

Eau : Cancer, Scorpion et Poissons vont s'enchevêtrer dans des amours de profondeurs dont l'excès risque d'être étouffant.

Il y aura plus de complémentarité entre les signes en sextile (60° les uns des autres). Dans ce cas, les éléments s'alimentent les uns les autres. Par exemple, Bélier et Gémeaux sont dynamisés sous la combinaison Feu-Air. Vierge et Scorpion se soutiennent par la combinaison Terre-Eau etc.

Enfin, la rencontre des signes en opposition (180° les uns des autres) propose un autre type d'harmonie à ceux qui cherche dans l'autre la moitié qui leur manque (Voir au chapitre 2, les paires par axe).

A éviter, les signes en carré (90° les uns des autres) qui vont entrer en conflit au détriment de l'un ou l'autre puis des deux membres du couple. Exemple : Cancer et Balance Eau et Air, Lion et Scorpion Feu et Eau, etc.

Dans la pratique, on peut signaler qu'il est très fréquent de voir des couples du signe d'à côté mais on va retrouver la même problématique du carré avec conflit des éléments. Toutefois, cette proximité peut être guérie par le fait que Vénus et Mercure qui restent toujours proches du Soleil, peuvent se retrouver conjoints au Soleil de l'autre. Exemple : un couple Verseau-Poissons dont le Soleil du Verseau reçoit la Vénus Verseau du Poissons ou inversement ou les deux. Dans ce cas, Vénus cimente ce couple si mal assorti. Revoir le rôle des conjonctions ci-dessus.

Chapitre 4.

Comment procéder efficacement.

INTRODUCTION.

Grâce à votre extrait de naissance, vous avez établi sur un site votre carte du ciel ou thème astral en indiquant vos date, lieu et heure de naissance.

La priorité de l'analyse doit commencer par vous-même car il est très probable que le portrait que vous feriez spontanément de votre personnalité, est entaché de biais et d'illusions. Tout le monde se trouve normal et ne se doute pas qu'il est en fait unique et assez différent des autres. Or le but de ce petit manuel est de gagner du temps dans la constitution d'un couple ou de comprendre ce qui va ou ne va pas.

QUI SUIS-JE ?

Après avoir découvert les différents éléments qui composent votre carte du ciel, vous allez noter sur une feuille les éléments par ordre décroissant :
1- Le Soleil, son signe, son élément.
2- Les planètes en conjonction avec le Soleil s'il y en a.
3- La Lune, son signe, son élément.
4- Les planètes en conjonction avec la Lune s'il y en a.
5- Le signe à l'ascendant (AS) qui autant de force que celui où se trouve le Soleil.
6- Son élément et les planètes en conjonction s'il y a lieu.
7- Le couple Vénus-Mars, signes et éléments.
8- Les autres planètes en cas de position remarquable c'est-à-dire surtout les conjonctions avec les éléments précédents.

A l'aide des chapitres antérieurs, vous indiquez les éléments clés à chaque ligne et vous faîtes un bilan avec les points positifs et négatifs afin de dresser un portrait succinct de votre nature amoureuse.

QUI AI-JE EN FACE DE MOI ?

Vous procéder exactement de la même façon pour la personne qui vous intéresse afin d'avoir déjà une idée générale de son mode de fonctionnement amoureux. Vous apercevrez alors que vous serez déjà en mesure de deviner s'il y a une chance suffisante de compatibilité entre vous deux. Mais pour confirmer, votre première impression, vous passez à l'étape suivante.

Tout ce travail doit être fait en toute objectivité car il est parfois tentant de minimiser un point gênant comme de surévaluer un élément concordant tellement on souhaite la réussite de la démarche.

ANALYSE COMPARATIVE ENTRE LES DEUX THÈMES.

Vous allez faire une double carte de synastrie qui superpose les 2 cartes l'une sur l'autre grâce aux outils informatiques de la plateforme choisie. Grâce à elle, sur une troisième feuille, vous allez relever les points suivants par ordre d'importance décroissante :

1- Compatibilité entre les 2 Soleils par signe et élément.

2- Compatibilité entre le Soleil de l'un et la Lune de l'autre et vice-versa.

3- Compatibilité entre le Mars de l'un et le Vénus de l'autre et vice-versa.

4- Compatibilité entre les signes ascendants et le Soleil de l'un et de l'autre.

5- Conflit s'il y a lieu entre le Saturne de l'un le Mars de l'autre et vice-versa en sachant que cet aspect est rédhibitoire même s'il y a d'autres éléments favorables.

6- Intervention éventuelle des autres planètes sur les éléments précédents.

Il est inutile de se compliquer davantage la vie pour tirer des conclusions utiles et efficaces. Encore une fois, il ne sert à rien de forcer les choses dans le sens de votre espoir. Ces critères de concordances astrologiques sont suffisants pour bâtir une union équilibrée, épanouissante et durable pour les deux partenaires.

Rien ne vous empêche d'ajouter ensuite des critères de choix personnels comme la profession, l'éducation, la religion, les projets et ambitions personnelles etc.. Mais la concordance astrologique est un élément clé et prioritaire pour savoir si <u>objectivement</u> le couple dispose d'une structure qui fonctionnera au bénéfice mutuel et réciproque des prétendants.

<u>EXEMPLE CONCRET :</u>

Nous allons appliquer la méthode sur un couple totalement fictif afin de bien comprendre la mise en pratique. Anna est née le 18 Octobre 1980 à 14 h 50 à Lyon. Elle a fait connaissance de Pierre né le 15 Décembre 1976 à 19h15 à Brest et souhaite savoir s'il peut être l'homme d'une vie durablement réussie. Nous prendrons astrotheme.fr comme plateforme mais il y en a d'autres.

- **<u>1ère étape</u>** : Elle établit dans la rubrique ''calculs astrologiques'' sa propre carte du ciel et découvre les éléments suivants selon la méthode ci-dessus:

1- Anna est du signe de la Balance signe d'air diurne (voir descriptif Femme Balance).

2- Pluton est en conjonction avec le soleil qui acquiert ainsi une couleur plutonienne ou Scorpion (ajouter un peu de Femme Scorpion). Son modèle masculin est Homme Balance + Homme Scorpion donc sociable mais puissant.

3- La Lune d'Anna est en Verseau (voir Femme Verseau pour définir sa féminité).

4- La Lune est conjointe à l'ascendant (AS) soit en maison 1 d'où une valorisation du monde personnel où sa sensibilité s'exercera le mieux.

5- Le signe ascendant est le Verseau signe d'air (voir Femme Verseau). Il doit être combiné avec la Balance. De même élément, ces deux signes se renforcent.

6- Nous avons vu en 4 que la Lune est en conjonction avec l'ascendant (AS) d'où valorisation du monde personnel qui permettra la meilleure expression de sa féminité (exemple : bonne maîtresse de maison)

7- Vénus est dans le signe de la Vierge signe de terre (voir Femme Vierge pour l'expression de l'affectivité) et dans la maison 7 au descendant (DC) donc vit ses sentiments amoureux pour et avec l'autre.

Mars est dans le signe du Sagittaire de l'élément feu (voir Homme Sagittaire) d'où un goût pour un amoureux actif et voyageur. Conjoint au Milieu du ciel (MC), Mars va donner le goût d'une vie professionnelle active et entreprenante.

8- On peut remarquer la proximité de Jupiter (ajouter une pincée de Femme Sagittaire) avec Vénus qui va renforcer le caractère honorable et décent dans l'expression de son affectivité. Enfin, accessoirement, on peut ajouter une touche de dynamisme à Mars par le voisinage d'Uranus, aussi au milieu du ciel.

9- En résumé, Anna est sociable mais secrète, attachée au monde privé, amoureuse sage et raisonnable de son conjoint mais recherchant une vie dynamique et ouverte.

- **<u>2ème étape :</u>** Elle procède de la même façon avec les coordonnées de Pierre et relève les indications suivantes :

1- Pierre est du Sagittaire, signe de feu diurne (voir Homme Sagittaire).

2- Mars est en conjonction avec le Soleil qui ajoute une touche Bélier (ajouter un peu d'Homme Bélier). Cet aspect fait de lui un homme particulièrement viril et proactif.

3- La Lune est en Balance indique l'archétype de femme qui lui plaît (voir Femme Balance).

4- Pluton est en conjonction avec la Lune à qui il va donner sa mystérieuse séduction (ajouter un peu de Femme Scorpion).

Accessoirement, cette Lune-Pluton est en maison 4 ce qui donne une touche familiale complémentaire (ajouter une pincée de Femme Cancer) dont il va être demandeur.

5- Le signe ascendant (AS) de Pierre est en Cancer signe d'eau nocturne. Il doit être considéré à égalité avec le Sagittaire signe de feu. Ces deux signes vont se contrebalancer, l'eau du Cancer venant apaiser le feu du Sagittaire. Attention à la pression intérieure créée par ces éléments opposés.

6- L'ascendant est pur car sans aspect particulier (voir Homme Cancer).

7- Vénus est dans le signe du Verseau signe d'air, ce qui donne à Pierre une affectivité légère et idéaliste (voir femme Verseau).

Mars est donc en Sagittaire conjoint au Soleil (voir point 2)

8- On peut remarquer la proximité de Neptune avec Mars à qui il accordera de la compassion (ajouter un peu d'Homme Poissons) et goût du soin des autres ce qui peut se traduire dans la profession exercée.

9- En résumé, Pierre est un homme au plein sens du terme, actif, entreprenant, sportif, le tout heureusement tempéré par l'ascendant Cancer qui l'empêche d'oublier sa maisonnée et les traditions qui l'accompagnent.

-3ème étape : Après l'analyse des individualités, il faut monter la double carte de synastrie et procéder au comparatif final. On relève par ordre décroissant :

1- Les signes Sagittaire de Pierre et Balance d'Anna sont très compatibles par leur position en sextile (60°) et leurs éléments feu et air qui se nourrissent réciproquement.

2- Le Soleil-Pluton d'Anna est conjoint à la Lune-Pluton de Pierre, tous dans le signe de la Balance. Excellente combinaison qui donne une véritable complicité dans les choix et modes de vie. Pluton va donner beaucoup d'intensité à la relation (attention à l'excès).

Vénus de Pierre est en conjonction de la Lune et de l'ascendant (AS) d'Anna dans le signe du Verseau. Parfaite concordance de la féminité d'Anna avec les sentiments de Pierre.

3- Les deux Mars sont en Sagittaire dans les deux thèmes qui se dynamisent l'un l'autre (goût du sport en commun par exemple).

4- L'ascendant de Pierre en Cancer est un peu à part des autres signes en jeu, Sagittaire, Balance et Verseau qui eux sont en phase parfaite. Toutefois, ce signe lunaire s'accorde bien avec les utopies du Verseau et de la Lune d'Anna.

5- Il n'y a pas de conflit entre Mars et Saturne de Pierre et d'Anna.

6- Le seul aspect qui prête à commentaire dans la relation amoureuse entre Anna et Pierre est l'opposition Saturne-Vénus de Pierre qui est un facteur de timidité ou de distance dans les débuts de la relation. Elle touche la Lune et l'ascendant Verseau d'Anna et peut surprendre cette dernière par le décalage crée avec le versant Soleil-Mars-Sagittaire apparemment très sûr de lui de Pierre. Cet aspect est d'autant plus agissant si Pierre a connu des échecs précédents dans sa vie amoureuse.

7- Il y a suffisamment d'éléments favorables pour bâtir une relation qui a toutes les chances d'être réussie tant sur le plan amoureux qu'affectif, culturel, social et familial. La seule pointe de différence peut venir du fait qu'Anna est une femme moderne parfaitement de son temps alors que Pierre attache par son ascendant Cancer un prix à la nostalgie et aux traditions qui méritent d'être préservées.

<u>CONCLUSION et DERNIERS CONSEILS</u>

Vous avez maintenant les rudiments d'analyse astrologique suffisants pour vous faire une idée de la situation dans laquelle vous pouvez vous projeter ou pas. Il n'empêche qu'il reste que vous ne trouverez jamais de situation idéale et parfaite. Aussi est-il raisonnable de procéder par élimination surtout avec le redoutable couple Mars-Saturne.

Eliminez d'abord les pires risques de mésentente. Ensuite, faites la liste des points de concordance nécessaires et suffisants (voir chapitre 4). Chacun devant trouver son compte dans la relation amoureuse, il est inutile de se bercer d'illusions à tenter de trouver coûte que coûte des éléments positifs là où il n'y en a objectivement aucun.

L'astrologie vous permet de décrypter les avantages et les travers de chacun des protagonistes avant la mise en pratique. Il ne faut pas perdre de vue que la relation parfaite n'existe pas et qu'elle reste un compromis de très bonnes choses et d'inconvénients relatifs. Donc attention car, ici comme ailleurs, le mieux est l'ennemi du bien. Mais dans tous les cas, il faut qu'il existe des relations astrales minimales pour que la mayonnaise prenne.

Dans la réalité, vous rencontrerez des thèmes limpides et faciles à décrypter ; d'un autre côté, vous serez parfois devant des cartes qui paraîtront très complexes voire inextricables tant il y a d'aspects. Dans le premier cas, la personnalité est simple, prévisible ou facile à vivre. Dans le second, il s'agit d'un caractère beaucoup plus complexe et riche. Mais dans les deux cas, attachez-vous aux fondamentaux en ignorant le foisonnement des signaux secondaires. Tenez simplement compte de cette nature particulière en évitant de rapprocher des tempéraments trop différents l'un de l'autre.

Enfin, pour vous entraîner, évitez de faire vos premières armes sur vos proches afin de ne pas risquer de donner un avis qui troublera un couple qui fonctionne correctement malgré votre analyse, sachant que finalement beaucoup de couples fonctionne sur un malentendu ou simplement une bonne dose d'aveuglement.... Le mieux pour se roder est de consulter les banques de données des sites astrologiques qui rassemblent des dizaines de milliers de cartes de célébrités. Choisissez des couples dont on connaît la vie amoureuse par la presse et, en utilisant vos nouvelles compétences, tentez de comprendre pourquoi telle vedette a une vie stable ou au contraire une succession d'échecs retentissants. C'est très instructif et souvent surprenant !

Vous voilà maintenant suffisamment outillés pour passer à la pratique. A vous de jouer!

FIN.

Table des Matières

SIGNES

 Bélier

 Taureau

 Gémeaux

 Cancer

 Lion

 Vierge

 Balance

 Scorpion

 Sagittaire

 Capricorne

 Verseau

 Poissons

PLANETES

 Soleil

 Lune

 Mercure

 Vénus

 Mars

 Jupiter

 Saturne

 Uranus

 Neptune

 Pluton